LAS MARIPOSAS MONARCA

UNA HISTORIA DE MIGRACIÓN

amicus LEARNING

por Lisa Amstutz ▪ arte por Howard Gray

AMICUS ILLUSTRATED es una publicación
de Amicus Learning, un sello de Amcius
P.O. Box 227, Mankato, MN 56002
www.amicuspublishing.us

Editor: Alissa Thielges
Diseñadora de la serie: Kim Pfeffer
Diseñadora del libro: Emily Dietz

Cataloging-in-Publication data is available from the Library of Congress

Library Binding ISBN: 9798892006477
Paperback ISBN: 9798892007078
eBook ISBN: 9798892007672

LCCN: 2024055805

Sobre la autora
Lisa Amstutz es autora de más de 150 libros infantiles. Antigua educadora al aire libre, es licenciada en biología y ciencias medioambientales. Lisa disfruta aprendiendo cosas divertidas sobre ciencia y compartiéndolas con los niños. Vive en una pequeña granja con su familia.

Acerca del ilustrador
Howard Gray ha ilustrado una selección de libros infantiles de ficción y de no ficción. Siempre se ha considerado un artista, pero con un doctorado en genética de delfines, tiene formación en zoología. Ahora persigue su carrera soñada en la ilustración infantil desde la pintoresca ciudad de Durham (Reino Unido). Más información en www.howardgrayillustrations.com.

¡Estira! Una mariposa monarca extiende sus alas. El sol de agosto es cálido. Pero el otoño está en camino. Es hora de volar hacia el sur. Debe emigrar a un lugar más cálido. Viajará hasta 3.000 millas (4.800 kilómetros) desde su hogar en el este de Norteamérica.

El viento eleva a la mariposa. Se eleva sobre las corrientes de aire. Puede viajar 50 millas (80 kilómetros) al día. Pero no está sola. Muchas otras monarcas siguen el mismo camino.

La mariposa vuela todo el día. Por la noche, se reúne en un árbol para descansar con las demás.

Al día siguiente, la mariposa se pone en camino. Pero empieza a llover. *¡Plaf, plof!* El agua hace que su cuerpo pese. Puede dañar sus alas. Se refugia bajo una hoja.

Cuando sale el sol, seca sus alas. Bebe néctar de una flor. Luego se eleva otra vez. La mariposa nunca ha emigrado antes. Pero sabe cómo encontrar el camino. La Tierra tiene un campo magnético. Lo utiliza como una brújula para saber hacia dónde volar. También utiliza el sol.

Es un viaje peligroso. La savia del algodoncillo amarga el sabor de las monarcas. Pero algunas aves todavía se las comen.

La gente rocía pesticidas para deshacerse de las malas hierbas y los bichos. Se siegan las cunetas y se pavimentan los campos. Las flores son cada vez más difíciles de encontrar.

La mariposa sobrevuela ríos y lagos. Atraviesa montañas y desiertos. En noviembre, llega al centro de México. Este será su hogar invernal. Las monarcas del oeste de Norteamérica vuelan a California.

La mariposa se posa en un abeto. Millones de otras se posan cerca. Se apiñan para mantenerse calientes. Las gruesas ramas las protegen del viento.

En marzo, la mariposa encuentra pareja. Luego comienza el viaje de vuelta a casa. Pone cientos de huevos por el camino. Pero no llegará a casa. Sólo tiene ocho meses, pero las monarcas no viven mucho tiempo. Su trabajo ha terminado. Las siguientes tres generaciones terminarán el viaje.

En mayo eclosiona una pequeña oruga. Se alimenta durante unas dos semanas. Después hace pupa. En 8 a 15 días, se convierte en una nueva mariposa.

También va hacia el norte, poniendo huevos en las plantas de algodoncillo. Sus hijos y nietos harán lo mismo. Estas generaciones viven unas cuatro semanas cada una.

Por fin, una mariposa llega a casa de su bisabuela. Pone huevos diminutos. En agosto, eclosionan. Pronto desplegarán sus alas y volarán . . .

hasta México.

MIGRACIÓN DE LA MARIPOSA MONARCA

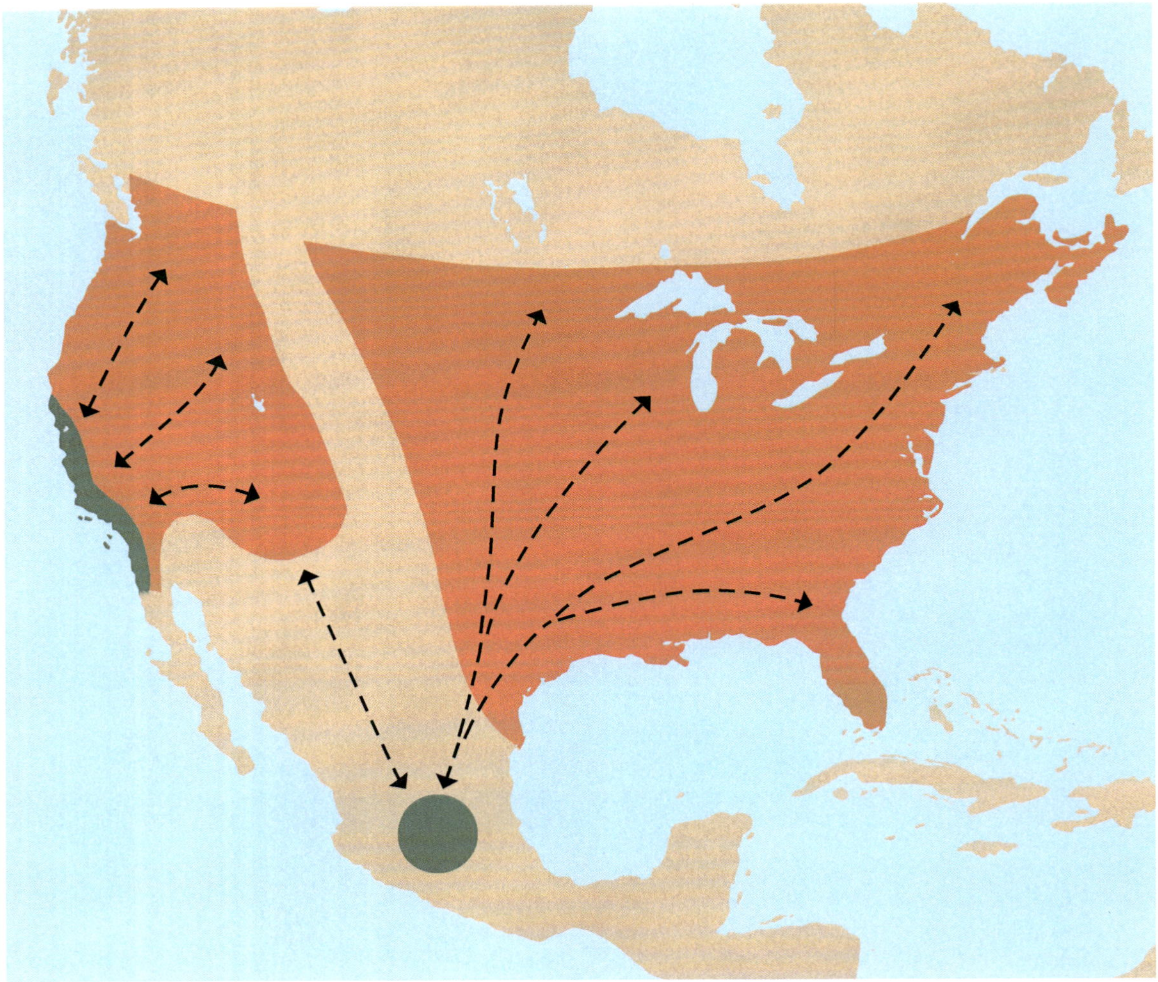

Primavera/Verano

Invierno

Rutas migratorias

¿EN QUÉ PUEDO AYUDARLE?

Las mariposas monarca se enfrentan a muchas amenazas. ¡Así puedes ayudarlas!

- Sembra flores silvestres nativas para que se alimenten las mariposas adultas.
- No siegues ni fumigues tus cunetas durante la temporada de la monarca.
- Pon un plato poco profundo con agua para que beban las mariposas. Añade piedras para que se sienten.
- Sembra algodoncillo en tu jardín o parterres. Las orugas de la monarca sólo se alimentan de esta planta.
- ¿Has visto una monarca? Informa de su ubicación en Internet. Sitios como Journey North ayudan a los científicos a seguir los movimientos de las mariposas. Visita https://journeynorth.org/monarchs.

Glosario

corriente Aire que se mueve en una dirección determinada.

generación Todos los miembros de un grupo que nacen más o menos al mismo tiempo.

migrar Desplazarse de un lugar a otro para reproducirse o encontrar alimento.

néctar Líquido dulce que algunos insectos recogen de las flores y consumen como alimento.

pareja El compañero masculino o femenino de una pareja de animales.

pesticida Sustancias químicas venenosas utilizadas para matar insectos.

posarse Instalarse en grupo para descansar.

pupa Envoltura dura con un animal dentro; el animal está pasando de la fase larvaria a la fase final de animal.